DEBUT D'UNE SERIE DE DOCUMENTS
EN COULEUR

La Revanche de la France par le Travail.
DEUXIÈME VOLUME

LES CHAINES

DE

L'ESCLAVAGE MODERNE

CRITIQUE

DES

PRÉTENDUS DROITS DE L'HOMME

DE 1791

PAR

J.-P. MAZAROZ

CHAPITRE II

PARIS

IMPRIMERIE CENTRALE DES CHEMINS DE FER

A. CHAIX ET Cie,

RUE BERGÈRE, 20, PRÈS DU BOULEVARD MONTMARTRE.

1875

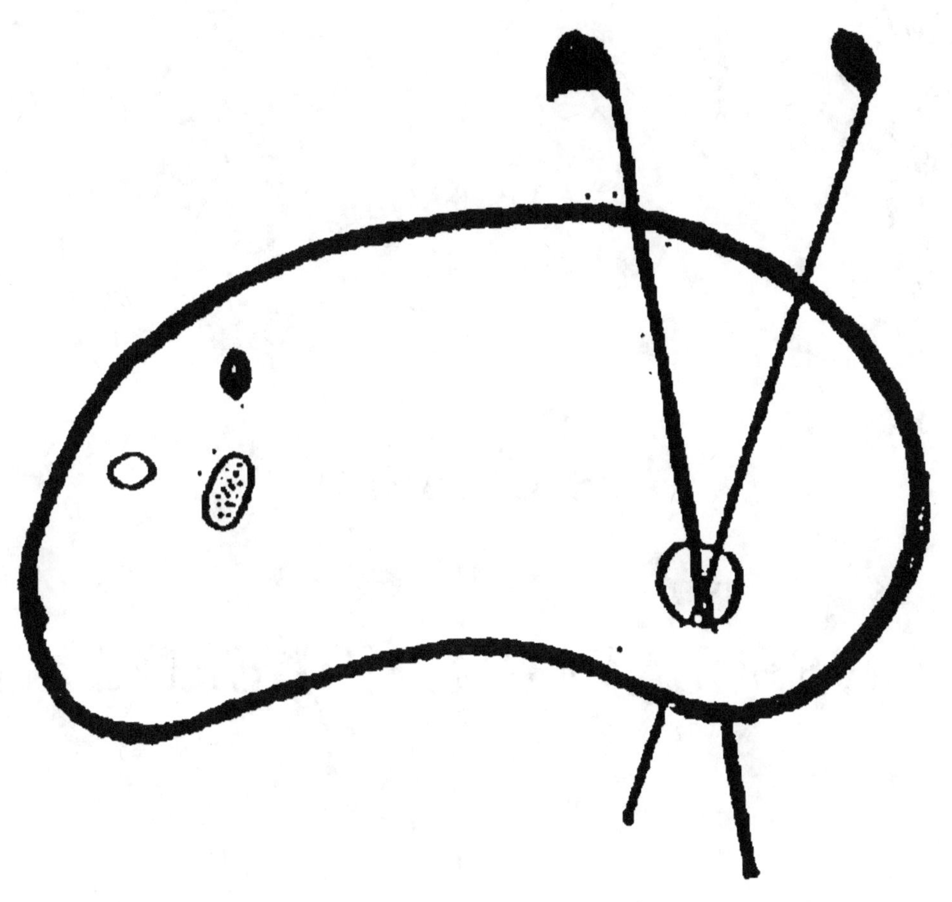

FIN D'UNE SÉRIE DE DOCUMENTS
EN COULEUR

LES CHAINES

DE

L'ESCLAVAGE MODERNE

La Revanche de la France par le Travail.
DEUXIÈME VOLUME

LES CHAINES

DE

L'ESCLAVAGE MODERNE

———

CRITIQUE

DES

PRÉTENDUS DROITS DE L'HOMME

DE 1791

PAR

J.-P. MAZAROZ

CHAPITRE II

PARIS

IMPRIMERIE CENTRALE DES CHEMINS DE FER

A. CHAIX & Cⁱᵉ

RUE BERGÈRE, 20, PRÈS DU BOULEVARD MONTMARTRE

1875

INTRODUCTION AU CHAPITRE II.

A *Messieurs les Syndics et Membres adhérents des Chambres syndicales des Patrons et Ouvriers du Commerce et de l'Industrie du département de la Seine.*

MESSIEURS,

J'ai l'honneur de vous soumettre le deuxième chapitre des **Chaînes de l'esclavage moderne,** dans lequel j'établis premièrement la comparaison des deux systèmes de société applicables à la France, dont les bases viennent d'être étudiées dans le chapitre précédent.

Préalablement, je crois devoir soumettre à mes lecteurs les considérations suivantes :

*
* *

Pendant de longs siècles les populations corporatives de la ville de Paris ont été les seules gardiennes de l'ordre public.

L'organisation du travail établie par Louis IX avait permis aux travailleurs parisiens de devenir conservateurs; ce qui arriva aussitôt que la mutualité leur eut donné quelque chose à conserver.

Il est certain que jamais, depuis le règne de Louis XI jusqu'en 1789, les maîtres et compagnons des anciens corps d'arts et métiers ne prirent les armes à Paris, si ce n'est pour défendre la patrie ou veiller la nuit au repos de la cité (1).

Il faut reconnaître aussi que l'ouvrier qui, par l'organisation du travail, a son lendemain assuré, n'a aucun intérêt à recourir à la révolte, il a, au contraire, tout intérêt à la paix publique.

Cependant Mirabeau constate, dans ses *Mémoires*, que l'humeur pacifique du peuple parisien avait complétement disparu en 1791, c'est-à-dire après l'anéantissement des familles du travail.

Voici les paroles de ce grand homme :

Quant à l'état de Paris, cette ville, il faut le dire, est incurablement démagogique. Jamais plus de principes révolutionnaires ne furent réunis dans un même foyer. — Les journalistes, — les pamphlétaires, — les étrangers qui apportent en France la turbulence et l'esprit de

---

(1) En 1467, Louis XI arma 80,000 ouvriers de la ville de Paris, qui l'aidèrent à vaincre l'aristocratie française, soulevée contre lui en une prétendue ligue du bien public.

désordre qui les a fait chasser de leur pays, —
les fanatiques de l'ancienne cour, — les enne-
mis du nouvel ordre de choses, — la populace
accoutumée à de criminels succès, — la terreur lâche des propriétaires, des rentiers, des
hommes modérés. Voilà mille causes de ruine (1).

***

Chacun sait aujourd'hui que la situation de
Paris si bien indiquée par Mirabeau était
l'œuvre des sociétés secrètes de tous les partis
qui ambitionnaient le pouvoir à cette époque,
et que les honnêtes travailleurs de la capitale
n'étaient alors, comme depuis ce temps, que les
instruments passifs des meneurs politiques qui
les ont toujours trompés.

Il est bon également de faire remarquer ici
que personne n'a intérêt à se réunir en secret, si
ce n'est des malfaiteurs, quand toutes les spécia-
lités de l'activité nationale ont le droit absolu
de se réunir professionnellement au grand jour.

Mais, par la comparaison de ces deux situations
si différentes, on doit voir clairement que la paix
publique définitive ne peut résulter en France
que de l'organisation du travail et des intérêts.

----

(1) *Mémoires biographiques, littéraires et historiques de Mirabeau* (tome VIII), Paris, Jules Chapelle et Cie, éditeurs, rue de Sa-
voie, 8 (1841).

La classification méthodique des intérêts sociaux en groupes professionnels a en effet pour conséquence l'ordre et la concorde par son fonctionnement quotidien, tandis que la division de ces mêmes intérêts engendre, par sa simple marche journalière, les guerres, les luttes et les révolutions.

*
* *

C'est que, par l'organisation générale du travail, les hommes d'une même profession dans une ville deviennent solidaires les uns des autres; ils peuvent, par cette sorte d'union, être comparés à ces trains flottants, dont les pièces de bois solidement unies les unes aux autres, donnent à l'ensemble de chaque radeau une marche régulière et sûre, marche qui permet de voyager sans craindre les tempêtes ni l'instabilité des eaux.

Tandis que les sociétés, divisées par l'Individualisme, ressemblent à ces mêmes trains, dont les pièces de bois bientôt désunies, flotteraient au hasard des courants en se choquant et se brisant les unes contre les autres.

On comprendra facilement alors que, dans la première situation, les syndics élus par chacun des radeaux professionnels n'auront qu'à s'entendre pour éviter les chocs de train à train;

c'est 'ce que j'ai appelé ailleurs la Fédération des familles du travail.

Cela réprésente ce que je souhaite en esprit et en vérité; je l'appelle de mes vœux les plus ardents, pour le bonheur et l'instruction de tous les travailleurs et pour la gloire, la force et l'indépendance de notre chère patrie.

***

Une autre partie de ce deuxième chapitre est remplie par la critique des Droits de l'homme de 1791 et par celle d'autres lois, dont ces prétendus droits sont la base fondamentale.

Au sujet de cette constitution, qui a détruit le règne de l'association des intérêts généraux dans les villes, en établissant en France celui de l'individualisme, voici comment s'exprimait Mirabeau :

« **En effet, plusieurs principes sont vicieux**
» **dans cette constitution influencée et faite par**
» **des passions, et rendre ces principes im-**
» **muables, c'est éterniser le mal, c'est tout**
» **perdre (1).**

***

Je crois donc, avec le grand orateur de la

____

(1) Mémoires de Mirabeau cités plus haut, même volume.

Révolution, que si nous négligeons plus longtemps de transformer les éléments de dissolution que la Constitution de 1791 a déposés dans la société moderne, notre belle France perdra pour toujours le rang qu'elle a occupé jusqu'ici dans le monde, que nous marcherons de plus en plus à l'abaissement général des caractères, et que nous tomberons constamment d'invasions en révolutions, jusqu'à notre perte totale.

Alors, Paris qui a éclairé le monde pendant tant de siècles, par les lettres, les arts, les sciences et l'industrie, deviendra tout à fait une nouvelle Babylone.

Paris, 4 août 1875.

CHAPITRE II

LA MISE A EXÉCUTION

VII

L'ancien régime et la Révolution.

L'ancien régime avec ses lois féodales représentait, à la fin du XVIII° siècle, le fonctionnement social d'une époque barbare au milieu d'un peuple en pleine civilisation.

Cette civilisation était surtout l'œuvre de l'organisation du travail dans les villes, car les campagnes vivaient dans une hideuse misère, doublée d'une profonde ignorance, que l'esclavage féodal avait entretenue.

La Bruyère nous présente dans ses **Caractères** une image saisissante de cette déplorable situation.

Cette image, la voici :

« L'on voit (les paysans et les laboureurs)
» certains animaux farouches, des mâles et des
» femelles, répandus par la campagne, noirs,
» livides et tout brûlés du soleil, attachés à la
» terre qu'ils fouillent et qu'ils remuent avec
» une opiniâtreté invincible : ils ont comme une
» voix articulée, et quand ils se lèvent sur leurs
» pieds, ils montrent une face humaine; en effet,
» ils sont des hommes. Ils se retirent la nuit
» dans des tanières où ils vivent de pain noir,
» d'eau et de racines; ils épargnent aux autres
» hommes la peine de semer, de labourer et
» de recueillir pour vivre, ils méritent ainsi de
» ne pas manquer de ce pain qu'ils ont semé (1).

*
* *

Beaucoup de personnes pensent que, si les
économistes du tiers-état ont détruit par Turgot et Chapelier les familles du travail, ce sont
eux qui ont émancipé le peuple des campagnes.

C'est là une erreur profonde.

Les physiocrates du xviii° siècle n'ont jamais
eu qu'un seul but, celui de s'émanciper eux-

---

(1) *Les Caractères de la Bruyère.* Chap. XI, *de l'Homme.*
Tome Ier, page 307 de l'édition de 1820.

mêmes, en se saisissant d'abord des directions sociales de la France, puis des biens nationaux.

Aucun ouvrier des campagnes ne pouvait devenir acquéreur des biens nationaux au moment où ils ont été vendus pour la première fois, l'épargne ayant été rendue impossible pour les paysans, en raison de l'état d'oppression sous lequel les seigneurs les avaient maintenus par les lois de la féodalité.

Continuant la pensée intelligente de Louis le Gros, Louis IX avait émancipé les ouvriers des villes par l'organisation du travail, mais il n'a rien fait et ne pouvait rien faire de plus que l'affranchissement des communes, car pour les campagnes, la crainte des grands vassaux qui tenaient encore à son époque la puissance royale en échec, l'empêchait absolument de rien faire pour elles.

Mais ce qui a été le prélude de l'émancipation de l'ouvrier des champs, c'est la loi de vente et le droit de transmission de la propriété, que les économistes de Thermidor ont établi, dans le but d'éviter les comptes qui auraient pu leur être demandés plus tard au sujet de leurs immenses fortunes territoriales.

Cette crainte seule a fait considérablement morceler les propriétés sous le premier Empire par les bandes noires (1); ces morcellements ont fait ressembler le sol de presque toute la France à un immense échiquier.

On vendait alors, à qui en voulait, des parcelles de terre, en donnant tout le temps possible pour payer.

L'ouvrier des champs a profité de la force même des choses, il ne faut donc pas qu'il en ait la moindre reconnaissance à personne en général, mais encore moins aux économistes du 9 Thermidor qu'à d'autres.

---

(1) Sociétés qui achètent les grandes propriétés afin de les revendre en détail.

VIII

Les trois grandes calamités sociales du règne de l'Individualisme sont représentées par l'augmentation exagérée des procès civils, des procès criminels et des armées permanentes.

PROCÈS CIVILS.

Les économistes de la Révolution ont amèrement reproché aux corporations leurs interminables procès :

Turgot dit à ce sujet, dans les considérants de l'édit du 12 mars 1776 qui a supprimé les corporations :

Par des saisies multipliées pour de prétendues contraventions, par les dépenses et les dissipations de tous genres, par les **procès interminables** qu'occasionnent entre toutes les corporations leurs prétentions respectives sur l'étendue de leurs priviléges exclusifs, surchargent l'industrie d'un impôt énorme, onéreux aux sujets, et sans aucun fruit pour l'État.

En voyant déplorer le mauvais emploi des faibles cotisations des anciennes familles du travail, la pensée se reporte sur les prodigieux développements qu'ont pris depuis ce temps les impôts de toute nature.

Mais voyons les causes premières de tous ces procès.

A ce sujet, Renouard dit dans son **Traité** :

Les choses furent portées au point que, depuis 1691, huit ans après la mort de Colbert, jusqu'en 1779, l'on créa plus de quarante offices, à Paris, qui tous furent vendus au profit du Trésor public.

Aucune transaction ne pouvait s'opérer, aucun achat se conclure, même pour les besoins les plus urgents de la vie, sans qu'on appelât le juré qui avait acheté le privilége exclusif de visiter, d'auner, de peser, de mesurer, etc.

L'un des moindres inconvénients de cette multiplicité d'offices était de faire naître entre eux de longs débats et des procès coûteux.

M. Costaz, dans un écrit publié en 1821, évalue à 800,000 francs la somme que les corporations de Paris dépensaient annuellement en procès.

J'accepte ce chiffre, quoique donné à une époque où il était toujours de mode de dénigrer les corporations.

Mais, comme Renouard vient de nous apprendre que tous les procès des corps d'arts et métiers prenaient leurs sources dans les priviléges vendus par le pouvoir, on voit clairement une fois de plus que les motifs invoqués pour détruire les familles du travail sont de la force de ceux du loup de la fable.

Il semble donc démontré que les procès que se faisaient les corporations ont servi de principal argument à ceux qui ont voulu détruire le droit de réunion professionnelle, mais l'on ne s'est pas rendu compte qu'en divisant individuellement les intérêts généraux des métiers on allait multiplier presque à l'infini ces procès que l'on semblait vouloir éviter ; c'est, en effet, par dizaines de millions qu'il faut chiffrer aujourd'hui les pertes occasionnées par les procès que se font annuellement les citoyens entre eux dans la seule ville de Paris, et cela depuis la destruction de ces centres de protection et de conciliation mutuelles que l'on appelait les corps d'arts et métiers.

PROCÈS CRIMINELS.

Les personnes qui s'occupent de statistique judiciaire savent que du temps où l'industrie et le commerce français étaient organisés par corps d'arts et métiers, les grandes villes et les districts dont les populations vivaient corporativement présentaient **un délit correctionnel sur dix environ aujourd'hui.**

On lit à ce sujet dans « *Le nouveau Stile*

» (sic) *du Châtelet de Paris*, livre Ier, titre Ier,
» à Paris, rue Saint-Jacques, chez Devendos-
» Ladouée, libraire, vis-à-vis le Collége Louis-
» le-Grand. M.DCC.LXXI.

« **Monsieur le lieutenant criminel est le juge**
» **de tous les crimes qui se commettent dans**
» **l'étendue de la ville et des faubourgs de**
» **Paris. Le titre I de l'ordonnance de 1690**
» **règle les matières qui sont de sa compétence.**
» **Il juge les mardis et vendredis, seul avec**
» **un des avocats du roi, les matières crimi-**
» **nelles où il s'agit d'injures, rixes et autres**
» **matières légères, qui ne méritent point d'ins-**
» **truction.** »

*
* *

Malgré l'augmentation de la population, on voit que les statistiques sont plutôt au-dessous qu'au-dessus de la vérité.

Cela s'explique parfaitement.

Sous le règne collectif des familles du travail, la vie de chaque citoyen se passe pour ainsi dire comme dans une maison de verre ; en plus la vie de famille à famille étant beaucoup plus répandue, toutes les personnes d'une même profession sont à même de se connaître et même de se fréquenter.

Il est certain qu'avec les caisses de prévoyance, le crime et le délit ne peuvent pour ainsi dire plus avoir la cupidité pour motif, car le lendemain de tout le monde peut être assuré par le travail organisé, l'échange des produits et les cotisations.

De tout cela il résulte que les économistes de la Révolution, en donnant une immense extension à la justice répressive, préparaient par le fait la punition de crimes et délits dont ils étaient législativement les provocateurs.

*
* *

En effet, les dérèglements populaires se sont manifestés dans la vie de tous les jours, aussitôt que les réunions professionnelles eurent été dispersées par la force en 1791, c'est-à-dier aussitôt que le bienfaisant, solidaire et pacifique lien social constitué par la famille du travail, eut été effectivement rompu.

Mais avant de faire voter le décret qui confirme l'anéantissement des corps d'arts et métiers, le constituant Chapelier avait dit à la tribune nationale le 15 juin 1791 :

C'est à la nation, c'est aux officiers publics, en son nom, à fournir des travaux à ceux qui

en ont besoin pour leur existence et des se-
cours aux infirmes.

En conséquence, il paraît malheureusement
logique, après cette solennelle promesse, que le
peuple privé des bénéfices de la mutualité et
auquel rien n'est fourni en compensation, se
livre parfois au désespoir.

*
* *

Aussi les constituants de 1791, devenus plus
tard les thermidoriens, n'ont-ils pas tardé à être
effrayés des résultats qu'ils obtenaient par la destruction de toutes les digues sociales qu'ils venaient d'anéantir législativement.

On peut même ajouter aussi que les hommes
d'étude et les penseurs sérieux ne donnent pas
d'autres causes aux guerres générales que ces
constituants ont déclarées à toute l'Europe, afin
de jeter sur les champs de bataille les travailleurs que la nation avait sur les bras, depuis
l'engagement que le constituant Chapelier avait
pris en son nom à la tribune nationale.

Et malgré les guerres, il fallut inventer les
passe-ports, la loi des suspects, la carte civique,
etc., etc., pour assurer la sécurité publique
menacée partout par la dispersion des ouvriers
sans moyens d'existence.

Malgré tout cela encore, les provinces de France ont été ravagées pendant de trop longues années par des troupes de brigands, connus sous le nom de **les Chauffeurs**, lie des populations étrangères et françaises, les unes attirées par la Révolution et les autres démoralisées par le chômage, la misère et laissées sans règlement et sans organisation sociale pour les discipliner par le travail et les contenir par la mutualité.

LES ARMÉES PERMANENTES

Les armées permanentes sont bien une institution physiocratique, l'article XII des droits de l'homme va nous l'apprendre.

Avant la grande révolution, à l'étranger comme en France, les armées se levaient à chaque guerre, puis à la paix .on rendait les soldats à leurs travaux.

Mais la situation que je viens d'exposer par le sous-chapitre : **Les procès criminels**, démontre l'indispensabilité d'une force publique permanente pour remplacer l'organisation professionnelle de la Nation.

Les armées permanentes ont amené les abus

guerriers du Consulat et de l'Empire, elles ont endetté toute l'Europe, elles ont désappris le travail à une bonne partie des populations, enfin elles grossissent constamment les budgets et agacent les gouvernements les uns contre les autres.

Un gouvernement augmente ses armées permanentes, parce qu'il s'imagine que son voisin le fait, puis, les dépenses accomplies, il veut les utiliser; beaucoup de grandes guerres n'ont que cette mauvaise raison pour motif apparent.

*
* *

La morale du sous-chapitre VIII peut se résumer ainsi :

La famille du travail tend à prévenir les maux de la Société ;

Tandis que l'individualisme ne vise qu'à les réprimer et à en punir les auteurs.

Critique des prétendus droits de l'homme et du citoyen de 1791.

IX

EXPOSÉ.

Les droits de l'homme de 1791 ont réellement accompli **la conquête législative du peuple français, au profit d'environ quinze cents économistes du xviii° siècle**; ils n'ont eu leur déclaration et leur acceptation possibles que parce que le droit de réunion professionnelle n'existait plus.

Les droits de l'homme de chacune des autres constitutions de la Révolution sont absolument les mêmes; sauf quelques variantes sans portée dans les phrases, ils ont été calqués sur ceux de 91; tous ont le but avoué de donner à l'homme des libertés apparentes, mais la pratique nous démontre qu'ils ont été faits pour le priver de ses véritables libertés.

C'est-à-dire de celles qui constituent l'indépendance et l'instruction de tous les citoyens par l'organisation libre du travail et des intérêts.

Il est bon de faire remarquer ici que les supériorités et les droits que s'appliquent les économistes du xviiie siècle par ce document auraient été la propriété de tous les citoyens français fédérés par municipalités et par familles du travail, si le premier programme économique de Turgot n'avait pas vu sa mise à exécution arrêtée par la haute aristocratie féodale, qui a payé chèrement cette grande faute.

Les populations françaises n'ont été saisies que par le titre, qui est pompeux, mais, aveuglées par une ardente soif de liberté, elles ne se sont pas rendu un compte exact de la valeur intrinsèque de cet acte législatif.

Je vais essayer de démontrer ce que j'avance.

PRÉAMBULE DES DROITS DE L'HOMME DE 1791.

Les représentants du Peuple français, constitués en Assemblée nationale, considérant que l'ignorance, l'oubli ou le mépris des droits de l'homme sont les seules causes des malheurs publics et de la corruption des gouvernements, ont résolu d'exposer,

DANS UNE DÉCLARATION SOLENNELLE, LES DROITS NATURELS, INALIÉNABLES ET SACRÉS DE L'HOMME, AFIN QUE CETTE DÉCLARATION, CONSTAMMENT PRÉSENTE A TOUS LES MEMBRES DU CORPS SOCIAL, LEUR RAPPELLE SANS CESSE LEURS DROITS ET LEURS DEVOIRS ; AFIN QUE LES ACTES DU POUVOIR LÉGISLATIF ET CEUX DU POUVOIR EXÉCUTIF, POUVANT ÊTRE A CHAQUE INSTANT COMPARÉS AVEC LE BUT DE TOUTE INSTITUTION POLITIQUE, EN SOIENT PLUS RESPECTÉS ; AFIN QUE LES RÉCLAMATIONS DES CITOYENS, FONDÉES DÉSORMAIS SUR DES PRINCIPES SIMPLES ET INCONTESTABLES, TOURNENT TOUJOURS. AU MAINTIEN DE LA CONSTITUTION ET DU BONHEUR DE TOUS.

EN CONSÉQUENCE, L'ASSEMBLÉE NATIONALE RECONNAIT ET DÉCLARE, EN PRÉSENCE ET SOUS LES AUSPICES DE L'ÊTRE SUPRÊME, LES DROITS SUIVANTS DE L'HOMME ET DU CITOYEN :

Réponse au préambule des droits de l'homme.

Le préambule des Droits de l'homme est un assemblage de mots sonores et de phrases à effet qui n'ont jamais engagé à rien les auteurs de la Constitution de 1791.

Dans ce préambule, en effet, ils blâment l'ignorance qu'eux-mêmes vont décréter, en abolissant les universités professionnelles qui ont produit ces chefs-d'œuvre de l'art industriel, l'honneur actuel de nos musées nationaux, de nos collections particulières et que l'on couvre d'or, quand on en rencontre de trop rares spécimens dans les ventes publiques.

Ces physiocrates semblent regretter la corruption des gouvernements, quand eux-mêmes se préparent les moyens gouvernementaux pour accomplir en quelques années une somme d'actes corrupteurs, bien supérieurs en nombre, en audace et en mépris de l'opinion publique, à tous ceux qui avaient été accomplis en France avant eux.

Ces hommes politiques parlent des droits et devoirs pour tous les citoyens, quand, par leur constitution, ils enlèvent effectivement tous les droits de l'homme pour s'en appliquer entièrement les bénéfices, et ne lui laissent qu'un devoir réel, celui de payer ses impôts !

Dans ce préambule ils semblent encore accorder aux citoyens le droit de réclamation, mais ceci est également une erreur blâmable des économistes de la Révolution, car tout le monde sait que pendant les quatre-vingts ans de ce régime économique, aucune réclamation d'un citoyen ne s'est jamais produite, et ne pouvait pas d'ailleurs se produire, parce que, sous le système

isolateur de l'individualisme, le citoyen privé
des appuis collectifs dont il jouissait dans les
familles du travail, se trouve sans aucune espèce
de force ni d'influence vis-à-vis de la grande
corporation gouvernante qui jouit de toute la
fortune de la France, qui commande à toutes
ses forces et dont les membres influents n'accor-
deraient aucune attention aux réclamations d'un
simple citoyen.

*
* *

Les réclamations des citoyens n'ont jamais
été écoutées que quand elles étaient appuyées par
les syndics de leurs corporations ; aussi est-il
probable que c'est pour se débarrasser de cet
ennui que ces hommes politiques, pour esca-
moter l'esprit de la Révolution qui se préparait,
ont osé anéantir les familles du travail.

En effet, nos maladies sociales viennent de
la suprématie générale de la profession politique,
qui a remplacé par les droits de l'homme celle
de toutes les autres professions, en mettant de
côté les supériorités laborieuses, industrielles
et commerciales, au profit d'une corporation
gouvernante qui administre sans contrôle efficace toutes les affaires du pays depuis plus
de trois quarts de siècle.

L'institution politique dont parle le préambule

des Droits de l'homme de 1791 n'est composé, en réalité, que du peuple français, **responsable**, et d'environ quinze cents gérants, qui disposent de **tous les bénéfices** sans avoir aucune responsabilité réelle.

Or, en jugeant comme de raison l'arbre physiocratique par ses fruits, il est évident que le système de la corporation politique qui gouverne la France depuis 1791 a été complétement désastreux dans la pratique, relativement à tous les intérêts généraux du peuple français.

ARTICLE Iᵉʳ.

Des Droits de l'homme de 1791.

LES HOMMES NAISSENT ET DEMEURENT LIBRES ET ÉGAUX EN DROITS. LES DISTINCTIONS SOCIALES NE PEUVENT ÊTRE FONDÉES QUE SUR L'UTILITÉ COMMUNE.

Réponse à l'article premier.

L'article premier ne dit rien, il est vague, on sent que le rapporteur était fort embarrassé pour affirmer en commençant une chose qui eût l'air d'être utile, sans engager en quoi que ce soit les gouvernants.

Néanmoins cet article, comme tous les autres, ne représente pas la vérité.

En effet, si les constituants de 91 avaient reconnu réellement que les hommes naissent égaux en droits, pourquoi plus tard la plupart d'entre eux ont-ils voté des majorats aux fils des hauts dignitaires du premier empire ?

Si, dans l'esprit de ces hommes politiques, **les distinctions sociales ne devaient être fondées que sur l'utilité commune,** pourquoi beaucoup d'entre eux ont-ils accepté des titres de noblesse qui leur ont été décernés par Napoléon Ier ?

Quand je dis accepté, c'est sollicité de toutes façons qu'il faut dire.

Mois il paraît probable que ces économistes ont pensé qu'il était fort utile à la société française de les voir devenir comtes, barons, ducs ou princes de l'Empire, car sans cela ils n'auraient pas osé, en acceptant toutes ces dignités, donner un pareil démenti aux actes apparents de toute leur vie publique.

Ces faits représentent exactement la valeur morale des hommes qui ont fait les lois dont on ne craint pas de se servir encore aujourd'hui, pour empêcher le bien que pourraient accomplir les unions syndicales, par la conciliation de tous les différends professionnels ?

ARTICLE II.

LE BUT DE TOUTE ASSOCIATION POLITIQUE EST LA CONSERVATION DES DROITS NATURELS ET IMPRESCRIPTIBLES DE L'HOMME. CES DROITS SONT LA LIBERTÉ, LA PROPRIÉTÉ, LA SÛRETÉ, ET LA RÉSISTANCE A L'OPPRESSION.

Réponse à l'article II.

L'article II nous démontre la qualité de l'esprit et des principes de l'association politique qui venait de remplacer celles du travail et du commerce.

Cet article met sous la protection de l'association politique française, **la liberté, la propriété, la sûreté et la résistance à l'oppression.**

Quant à la liberté, nous savons ce que les physiocrates en ont fait; ils ont détruit la principale de toutes, celle de réunion professionnelle, et ils ont si bien enveloppé toutes les autres par les innombrables lois, décrets et ordonnances qu'ils ont établis, qu'aucune d'elles ne peut faire un mouvement sans permission.

La propriété n'a pas été moins malmenée par eux; ils se sont emparés d'une bonne partie des biens nationaux, et beaucoup d'entre eux, pour ne pas dire presque tous, se sont enrichis par ce moyen (1).

Quant à la propriété en général, jamais, en aucun temps ni chez aucun peuple, elle n'est arrivée à être plus grevée d'impôts que chez nous; les innombrables procès, qui ruinent tant de citoyens en l'absence des conciliations entre pairs, ne représentent-ils pas en réalité une attaque en règle de la propriété par les économistes de la Révolution, puisque ce sont eux qui ont anéanti les associations qui évitaient tous les petits procès en les conciliant?

Quant à la sûreté, jamais elle n'a été aussi aléatoire que sous le règne de ces législateurs; en effet, ce sont eux qui ont fait les lois de sûreté générale, la loi des suspects, etc., etc.; ils ont inventé les passe-ports, ont emprisonné et guillotiné des milliers de citoyens paisibles pendant la Terreur; voilà les hommes qui mettent solennellement la sûreté des citoyens sous la sauvegarde de leur association politique!

Les économistes du xviii° siècle n'étaient pas encore bien sûrs, en 1791, de l'immense réussite qu'a obtenue peu après leur spécula-

____

(1) J'ai prouvé ce fait par un document authentique, pages 302 et suivantes du Ier volume de *la Revanche de la France par le Travail.*

tion économique; il ne faut pas donner d'autre cause au droit **de résistance à l'oppression** qu'ils ont introduit dans l'article II des Droits de l'homme, ils se ménageaient ainsi le moyen de recommencer toutes les espèces de révolutions, si celle en cours n'avait pas réussi au gré de leurs intérêts privés.

Mais, aussitôt le pouvoir absolu établi à leur profit, les physiocrates de la Révolution se sont hâtés de rayer des lois **le droit de résistance à l'oppression ;** aussi il n'est plus question de ces mots dans les Droits de l'homme de 1795.

ARTICLE III.

Le principe de toute souveraineté réside essentiellement dans la Nation. Nul corps, nul individu ne peut exercer d'autorité qui n'en émane expressément.

Réponse à l'article III.

L'article III est rédigé avec la même sincérité que les autres ; il déclare la Nation souveraine et il ajoute que nul corps, nul individu ne peut exercer d'autorité qui n'en émane expressément; on croit rêver quand on lit de pareilles choses et quand on pense qu'un pays comme la France s'est laissé bâillonner et enlever ses libertés naturelles avec des paroles semblables.

La vérité est que, les auteurs des Droits de l'homme ont créé par cet acte législatif **un corps gouvernant qui se renouvelle par lui-même.** Il est certain en plus que la France est administrée depuis quatre-vingts ans par ce corps constitué, mais la nation n'a jamais été appelée à nommer les individus qui le composent.

Voici pourquoi :

Pour faire nommer des fonctionnaires spéciaux, il aurait fallu établir des **Comices électoraux professionnels,** car avec le suffrage universel tel qu'il est organisé, il n'est possible de nommer en majorité que des hommes politiques, c'est-à-dire des hommes bons à tout en général, mais propres à rien en particulier, lesquels planent sur toutes choses, mais qui ne peuvent connaître à fond aucune profession spéciale, ni discuter aucun intérêt avec entière connaissance de cause.

ARTICLE IV.

La liberté consiste a pouvoir faire tout ce qui ne nuit pas a autrui. Ainsi, l'exercice des droits naturels de chaque homme n'a de bornes que celles

QUI ASSURENT AUX AUTRES MEMBRES DE LA SOCIÉTÉ LA JOUISSANCE DE CES MÊMES DROITS. CES BORNES NE PEUVENT ÊTRE DÉTERMINÉES QUE PAR LA LOI.

Réponse à l'article IV.

Cet article contient l'exécution en règle du principe de la solidarité, car il met les hommes en lutte relativement à leurs droits vrais ou fictifs, et il donne pour cela à leurs passions l'interprétation des textes de lois de toutes les générations passées.

Il est certain, pour le penseur honnête, que les droits naturels de l'homme s'exerçant au milieu des lois de quatre générations successives et en dehors du contrôle conciliateur des pairs professionnels, ne peuvent engendrer que la licence, à moins de fonctionner au milieu d'un peuple de saints.

Cet article IV semble donc établir la liberté du prochain quand, un peu plus loin, il est défendu au prochain de se réunir professionnellement; c'est lui ôter ainsi tous les moyens qui pourraient l'empêcher de devenir le but et l'instrument de chacune des spéculations physiocratiques.

Le faible est livré presque sans défense au fort par l'esprit de cet article, qui est évidemment destiné, par l'intention despotique dont il représente complétement l'essence, à détourner l'attention des citoyens intelligents de l'administration générale de la chose publique.

Les gouvernants anglais ont eu aussi autrefois ce même but, mais ils ont été plus intelligents que les physiocrates français.

Quand, au commencement du xvii° siècle, les Anglais se sont aperçus que le trop plein de leurs populations intelligentes engendrait les luttes et les révolutions sociales, ils ont employé leurs forces nationales à développer leur marine, ils ont conquis ensuite le plus possible de colonies, en réservant partout la protection de leur commerce et l'entrée en franchise de leurs marchandises; cela fait, ils ont protégé par tous les moyens en leur pouvoir la colonisation et le départ de la mère patrie des hommes intelligents ainsi que des cadets de famille, qu'ils dirigeaient vers leurs comptoirs avec des pacotilles et des recommandations; ils ont fait mieux, car ils ont créé la plus belle partie actuelle de leurs possessions australiennes avec leurs criminels, qu'ils ont déportés pendant deux siècles consécutifs dans ces contrées, en leur donnant les moyens d'y coloniser et de s'y créer des positions sociales.

Voilà comment les Anglais, peuple pratique par excellence, ont compris et profité du cri d'alarme poussé par Cromwell lorsqu'il a dit : **L'Angleterre a son territoire trop circonscrit par la mer; il faut à l'Angleterre des colonies, car elle souffre et elle mourra par le manque de colonies !**

Cette conduite de l'Angleterre ne constitue qu'une partie de la spéculation sociale d'un pays accomplie au profit de tous ; tandis que les familles du travail représentent cette manière d'agir sous toutes les faces de l'activité humaine.

Mais le système d'économie physiocratique a opéré à l'inverse dans notre pays, car il a voulu régner en France par l'isolement et les luttes entre les citoyens, en spéculant sur toutes leurs ressources avec l'impôt.

*
* *

Et, pour en revenir à l'article IV des prétendus Droits de l'homme, nous disons :

Cet article, combiné avec celui qui a détruit le droit de réunion professionnelle, contient toute l'économie sociale des physiocraties antiques.

Aussi les sociétés antiques ont péri comme périra notre société moderne si elle ne sait pas bientôt **établir et concilier l'égalité des**

droits avec l'inégalité des positions, des intelligences et des aptitudes.

Les droits naturels de chaque homme ne peuvent donc s'affirmer et se développer sans nuire à leur prochain que par les **collectivités spéciales** protégeant toutes les libertés des **activités individuelles.**

*
* *

Après avoir fait semblant de décréter une liberté individuelle qui n'est autre que la division de tous les citoyens par la lutte de leurs intérêts, le législateur de 1791 montre aussitôt qu'il a peur d'avoir trop accordé, car il se hâte de tout reprendre par la fin de l'article IV, où il est dit : **que les bornes de la liberté seront déterminées par la loi.**

Les économistes de la révolution avaient donc le devoir de laisser le prochain se réunir dans ses comices spéciaux afin de le constituer collectivement le seul juge des empiétements qui pourraient être faits sur ses libertés.

Au lieu de cela, ils accaparent les droits du prochain, en se mettant en son lieu et place avec le titre de délégué, représentant ou fonctionnaire.

Aussi ont-ils créé un arsenal de lois, de décrets, d'ordonnances et de règlements, où tout est à peu près défendu pour l'universalité des citoyens, mais où tout est à peu près permis pour les chefs de la corporation gouvernante.

Cela ne leur suffira pas encore, ils vont dénier aux tribunaux ordinaires le droit de juger les actes de leur gestion et créer à cet effet la **justice des Gouvernants** sans donner à ses magistrats la garantie populaire de l'inamovibilité.

ARTICLE V.

La loi n'a le droit de défendre que les actions nuisibles a la société. Tout ce qui n'est pas défendu par la loi ne peut être empêché, et nul ne peut être contraint a faire ce qu'elle n'ordonne pas.

Réponse à l'article V.

Comment est-il possible de mettre à exécution l'article V dans son esprit et dans sa vérité?

Cet article dit : **La loi n'a le droit de défendre que les actions nuisibles à la société;** mais si elle en défend d'autres, que peut faire le citoyen isolé?

Réflexions sur les articles III, IV et V.

L'article IV, mais surtout l'article V semblent exciter les citoyens les uns contre les autres sur l'interprétation des lois et les pousser à torturer leurs textes. De là les innombrables petits procès dont la France est inondée depuis le commencement du xix° siècle, et dont une des conséquences est que les citoyens, au milieu des querelles et batailles qu'ils ont entre eux à propos de leurs divers et multiples intérêts privés, n'ont ni le temps ni les moyens de s'entendre contre les empiétements des gouvernants, ni contre l'augmentation exagérée des impôts.

Voilà la seule et évidente intention des auteurs des droits de l'homme.

En effet, l'article III dépose le principe de toute souveraineté dans la Nation, mais il lui ôte la réunion professionnelle, seul centre dans lequel elle puisse s'exercer utilement ! c'est-à-dire que les économistes de la Révolution créent ici un souverain, qui est en réalité l'esclave de leurs intérêts privés, car eux, les gouvernants, ont eu la précaution de lui ôter par les Droits de l'homme, le seul moyen légal de **contrôle**.

ARTICLE VI.

LA LOI EST L'EXPRESSION DE LA VOLONTÉ GÉNÉRALE. TOUS LES CITOYENS ONT DROIT DE CONCOURIR PERSONNEL-

LEMENT, OU PAR LEURS REPRÉSENTANTS, A SA FORMATION. ELLE DOIT ÊTRE LA MÊME POUR TOUS, SOIT QU'ELLE PROTÉGE, SOIT QU'ELLE PUNISSE. TOUS LES CITOYENS ÉTANT ÉGAUX A SES YEUX, SONT ÉGALEMENT ADMISSIBLES A TOUTES DIGNITÉS, PLACES ET EMPLOIS PUBLICS, SELON LEUR CAPACITÉ ET SANS AUTRE DISTINCTION QUE CELLE DE LEURS VERTUS ET DE LEURS TALENTS.

Réponse à l'article VI.

Si la loi était l'expression de la volonté générale, comme le dit l'article VI, elle devrait être renouvelée à chaque génération, car en imposant aux générations nouvelles les lois des générations anciennes, les Constituants de 1794 ont créé la révolution en permanence.

L'esprit trompeur qui a dirigé tous les actes des économistes du xviiie siècle est d'ailleurs très-affirmé dans l'article VI, où les constituants de 94 disent : **Tous les citoyens ont le droit de concourir personnellement à la formation de la loi !**

Or, ces économistes savaient très-bien qu'en abolissant le droit de réunion professionnelle, c'était justement cette possibilité de concourir à la direction des intérêts publics qu'ils venaient de détruire pour tous les citoyens.

L'égalité des citoyens que pose en principe

cet article est donc toujours absolument inconnue en France.

Ce qui est navrant, c'est l'audace de ces physiocrates, s'apprêtant à tout s'accorder et qui se décernent, à eux et aux leurs, les places et les emplois publics, d'oser venir déclarer dans les Droits de l'homme que les emplois publics ne seront occupés dans l'avenir que par les hommes de talent et par les hommes vertueux !

ARTICLE VII.

NUL HOMME NE PEUT ÊTRE ACCUSÉ, ARRÊTÉ NI DÉTENU, QUE DANS LES CAS DÉTERMINÉS PAR LA LOI ET SELON LES FORMES QU'ELLE A PRESCRITES. CEUX QUI SOLLICITENT, EXPÉDIENT, EXÉCUTENT OU FONT EXÉCUTER DES ORDRES ARBITRAIRES, DOIVENT ÊTRE PUNIS. MAIS, TOUT CITOYEN APPELÉ OU SAISI EN VERTU DE LA LOI DOIT OBÉIR A L'INSTANT : IL SE REND COUPABLE PAR LA RÉSISTANCE.

Réponse à l'article VII.

La finesse physiocratique s'affirme complétement dans l'article VII. Cet article a deux libellés, celui que l'on vient de lire, plus un sous-entendu qui en est la suite pratique.

Voici le sous-entendu : **Mais**, comme c'est nous qui sommes au pouvoir et qui faisons la loi, nous allons nous arranger de telle sorte que l'ensemble de celles que nous allons voter arrive à nous octroyer exclusivement toutes les libertés possibles et à mettre entre nos mains celles des autres citoyens.

ARTICLE VIII.

LA LOI NE DOIT ÉTABLIR QUE DES PEINES STRICTEMENT ET ÉVIDEMMENT NÉCESSAIRES, ET NUL NE PEUT ÊTRE PUNI QU'EN VERTU D'UNE LOI ÉTABLIE ET PROMULGUÉE ANTÉRIEUREMENT AU DÉLIT ET LÉGALEMENT APPLIQUÉE.

Réponse à l'article VIII.

L'article VIII, qui dit que **la loi ne doit établir que des peines strictement et évidemment nécessaires**, a une pensée cachée qui est par trop transparente.

On s'est rendu compte en effet par la pratique que cette restriction ne les a pas beaucoup engagés ; du reste, l'article VIII ne parle, pour les constituants, que des lois qui punissent, lois très-secondaires pour eux : celles qui les intéressaient exclusivement devaient établir le patrimoine des corporations gouvernantes par les impôts.

ARTICLE IX.

Tout homme étant présumé innocent jusqu'a ce qu'il ait été déclaré coupable, s'il est jugé indispensable de l'arrêter, toute rigueur qui ne serait pas nécessaire pour s'assurer de sa personne doit être sévèrement réprimée par la loi.

Réponse à l'article IX.

Cet article donne simplement le change aux populations, auxquelles on promet un système de gouvernement paternel dans la pratique; car en dehors de cela, il ne signifie absolument rien, la liberté d'arrêter n'importe qui a, en effet, été établie et pratiquée depuis ce temps.

ARTICLE X.

Nul ne doit être inquiété pour ses opinions, même religieuses, pourvu que leur manifestation ne trouble pas l'ordre public établi par la loi.

Réponse à l'article X.

Avec cet article en main, le pouvoir peut faire troubler l'ordre par un de ses agents et disperser immédiatement par la force le groupe qui lui déplaît.

La loi des suspects, votée peu après par les mêmes économistes, nous démontre à elle seule que l'article X des Droits de l'homme ne devait donner aucune espèce de garantie aux citoyens.

ARTICLE XI.

LA LIBRE COMMUNICATION DES PENSÉES ET DES OPINIONS EST UN DES DROITS LES PLUS PRÉCIEUX DE L'HOMME ; TOUT CITOYEN PEUT DONC PARLER, ÉCRIRE, IMPRIMER LIBREMENT, SAUF A RÉPONDRE DE L'ABUS DE CETTE LIBERTÉ DANS LES CAS DÉTERMINÉS PAR LA LOI.

Réponse à l'article XI.

La loi vient encore ici déterminer tous les cas pour ce qui a rapport à la pensée ; quoi de plus contraire en effet dans la pratique que ce qui est dit ici à ce sujet ? En somme on veut constamment avoir l'air d'accorder ce qui depuis lors a toujours été à peu près défendu.

ARTICLE XII.

LA GARANTIE DES DROITS DE L'HOMME ET DU CITOYEN NÉCESSITE UNE FORCE PUBLIQUE ; CETTE FORCE EST DONC INSTITUÉE POUR L'AVANTAGE DE TOUS, ET NON POUR L'UTILITÉ PARTICULIÈRE DE CEUX AUXQUELS ELLE EST CONFIÉE.

Réponse à l'article XII.

L'article XII prépare la constitution des armées destinées surtout à défendre les gouvernants physiocrates, lesquels ne vont pas tarder à rendre le service militaire obligatoire, c'est-à-dire à établir l'impôt du sang afin de protéger ceux de l'argent, et tenir au besoin la nation en échec par la nation elle-même (1).

ARTICLE XIII.

POUR L'ENTRETIEN DE LA FORCE PUBLIQUE ET POUR LES DÉPENSES D'ADMINISTRATION, UNE CONTRIBUTION COMMUNE EST INDISPENSABLE ; ELLE DOIT ÊTRE ÉGALEMENT RÉPARTIE ENTRE TOUS LES CITOYENS, EN RAISON DE LEURS FACULTÉS.

Réponse à l'article XIII.

L'article XIII met naturellement au compte de tous les citoyens les dépenses publiques

---

(1) Voir, page 100, les armées permanentes.

annuelles, lesquelles, presques nulles en 1791, sont montées progressivement en 1875 à près de trois milliards de francs par an, sans compter vingt milliards d'emprunts !

Ce triste résultat fait penser que si les physiocrates du xviii° siècle se sont intitulés **économistes**, il est de toute impossibilité de les trouver **économes**.

ARTICLE XIV.

Tous les citoyens ont le droit de constater par eux-mêmes, ou par les représentants, la nécessité de la contribution publique, de la consentir librement, d'en suivre l'emploi et d'en déterminer la quotité, l'assiette, le recouvrement et la durée.

Réponse à l'article XIV.

Cet article est un semblant de contrôle donné à l'individu en ce qui regarde la gestion des deniers publics dont chacun paie sa part.

Mais il est facile de se convaincre que ce contrôle est absolument illusoire quand on se rend compte du droit sérieux d'examen que comportait l'association professionnelle, toute imparfaite qu'elle était avant 1789.

En effet les corporations avaient d'autant plus le droit de contrôle sur les actes publics qui les intéressaient, que beaucoup de leurs syndics étaient les échevins de la ville.

Ce droit de contrôle était naturellement limité sous l'ancien régime, mais il existait et il fonctionnait ! Il aurait pu prendre une extension universelle avec les associations professionnelles développées par la liberté, la fédération et le suffrage universel.

Mais point n'était l'intention du petit nombre d'hommes qui voulait, et qui a si bien su accaparer à son profit le pouvoir avec toutes les ressources de la France.

Il est certain que sous le régime des associations professionnelles, quand le président de l'une d'elles se présenterait au ministère pour faire une observation, le ministre auquel il s'adresserait au nom de ses collègues, le recevrait poliment et tiendrait le plus grand compte de ses appréciations.

En l'absence des associations professionnelles, l'article XIV qui engage tous les citoyens à constater le bien et le mal de toute l'administration publique n'est pas sérieux, et la preuve c'est qu'il n'est jamais venu à l'idée d'aucun citoyen d'aller déranger un ministre pour jouir de ce droit, sachant très-bien qu'il ne serait même pas reçu. Mais attendez : le législateur des droits de l'homme sait parfaitement qu'il formule une impossibilité, car il se hâte d'ajouter : **ou par leurs représentants !**

Nous voici au milieu du pathos physiocratique.

En effet, les représentants des citoyens sont les députés.

J'ai dit ailleurs, et je ne crains pas d'être démenti, que, par le système physiocratique de la nomination des députés, **neuf électeurs sur dix ne connaissent absolument pas les députés qu'ils sont appelés à nommer.**

La moyenne électorale depuis quatre-vingts ans est la nomination d'un député par cinquante mille électeurs environ.

Or, comment est-il raisonnable de venir dire dans une déclaration des droits de l'homme que chaque député sera le malheureux serviteur de ses cinquante mille commettants, et qu'il sera chargé de constater, dans les détails de l'administration publique, tout ce que lui demanderont ses électeurs ?

Comme on le voit, cet article, de même que la plupart des autres, ne contient que des subtilités ; il prouve une fois de plus que la déclaration des droits de l'homme et la constitution de 1791 ne renferment en réalité que deux choses sérieuses qui sont :

1° L'anéantissement de tous les droits de l'association professionnelle ;

2° La puissance, le pouvoir et la fortune de toute la France mis exclusivement, par ce fait, dans les mains des chefs du parti politique qui se trouve momentanément au gouvernement des affaires publiques.

ARTICLE XV.

La Société a le droit de demander compte a tout agent public de son administration.

Réponse à l'article XV.

L'article XV a pour but de mettre entièrement tous les fonctionnaires publics, qui travaillent ou doivent travailler, dans la complète dépendance des états-majors politiques.

Cet article est donc un amendement voté d'avance pour modifier à l'avantage des sommets de la corporation dirigeante la partie de l'article XVII qui dépose toute espèce de supériorité dans les mains de l'universalité des fonctionnaires français.

La société française, en effet, telle que les droits de l'homme l'ont établie légalement, est représentée uniquement par le Gouvernement. C'est pour cela que l'état-major politique au pouvoir a toujours eu le droit de dire, depuis la constitution de 1791 :

La société française, c'est moi !

ARTICLE XVI.

Toute société dans laquelle la garantie des droits n'est pas assurée, ni la séparation des pouvoirs déterminée, n'a point de constitution.

Réponse à l'article XVI.

L'article XVI des droits de l'homme de 94 est la formule avec laquelle les économistes de la Révolution ont absolument tout divisé autour d'eux pour régner sans contrôle et sans aucune contestation possible.

La séparation des pouvoirs que cet article vise est une phrase à plusieurs ententes, mais il n'y a pas lieu de l'interpréter autrement que par la manière dont elle a été mise à exécution.

Il faut bien remarquer que la division de toutes les forces vives et directrices de la nation n'atteint pas la profession politique, dont les physiocrates se sont crus un peu plus tard les directeurs à perpétuité.

La profession politique est donc la véritable corporation gouvernante.

Les économistes de la première Constituante ont complétement atteint leur but pour ce qui regardait leurs intérêts privés. Après avoir mis à l'abri dans les droits de l'homme les principes économiques qui assuraient leur suprématie, ils sont enfin arrivés définitivement au pouvoir absolu le 9 thermidor, après avoir laissé prudemment passer les orages nécessaires des premiers moments.

De thermidor an II au 18 brumaire an VII, la curée de toutes les richesses nationales a été accomplie pour la plupart d'entre eux, en compagnie des fournisseurs, des administrations et des financiers spéculant sur les biens nationaux, les valeurs de bourse et la hausse ou la baisse de l'or et de l'argent.

Il est juste de dire qu'ici comme ailleurs il y a d'honorables exceptions. Il y a eu, en effet, parmi les thermidoriens un noyau d'hommes convaincus, qui ont prêté les mains, croyant bien faire, à l'établissement législatif qui a privé le peuple français de la direction de ses intérêts généraux.

Mais la masse a opéré dans le seul but de la spéculation ; l'esprit français ne s'est pas trompé sur leur compte, car d'un bout du pays à l'autre, on les nommait, dès l'an V, de ce mot caractéristique : **Les pourris du Directoire.**

***

On peut affirmer que la séparation des pouvoirs publics, surtout ceux de la magistrature, unie à la destruction du droit de réunion professionnelle, a consommé la conquête législative du peuple français au profit de la secte des économistes physiocrates du xviii° siècle.

En effet, une nation dans laquelle tous les pouvoirs s'enchaînent et sont, par conséquent, solidaires les uns des autres relativement à la gestion des intérêts publics, cette nation, dis-je, est bien près de diriger elle-même ses propres affaires et d'empêcher les plus habiles de ses membres de spéculer à leur profit sur les ressources nationales.

***

Enfin la discussion des intérêts communs étant anéantie de droit par la destruction des

familles du travail, les économistes du
xviiiᵉ siècle se sont hâtés de décréter en principe la séparation de tous les pouvoirs par
l'article XVI, et surtout celle des fonctions se-
condaires, afin que jamais aucune réunion des
intérêts populaires ne puisse élever la voix
avec autorité contre tout ou partie de la gestion nationale dont ils venaient de s'appliquer
l'exercice exclusif.

ARTICLE XVII ET DERNIER.

La propriété étant un droit inviolable et sacré,
nul ne peut en être privé, si ce n'est lorsque
la nécessité publique légalement constituée l'exige
évidemment et sous la condition d'une juste et
préalable indemnité.

L'Assemblée nationale, voulant établir la constitution française sur les principes qu'elle vient de
reconnaître et de déclarer, abolit irrévocable-
ment les institutions qui blessaient la liberté et
l'égalité des droits.

Il n'y a plus ni noblesse, ni pairie, ni distinctions héréditaires, ni distinctions d'ordre, ni régime féodal, ni justices primordiales, ni aucun des
titres, dénominations et prérogatives qui en déri-
vaient, ni aucune des corporations ou décorations

PAR LESQUELLES ON EXIGEAIT DES PREUVES DE NOBLESSE, OU QUI SUPPOSAIENT DES DISTINCTIONS DE NAISSANCE, **ni aucune autre supériorité que celle des fonctionnaires publics dans l'exercice de leurs fonctions.**

IL N'Y A PLUS NI VÉNALITÉ NI HÉRÉDITÉ D'AUCUN OFFICE PUBLIC.

IL N'Y A PLUS, POUR AUCUNE PARTIE DE LA NATION, NI POUR AUCUN INDIVIDU, NI AUCUN PRIVILÉGE, NI EXCEPTION AU DROIT COMMUN DE TOUS LES FRANÇAIS.

Il n'y a plus ni jurandes, ni corporations de professions, arts et métiers.

LA LOI NE RECONNAÎT PLUS NI VŒU RELIGIEUX NI AUCUN AUTRE ENGAGEMENT QUI SERAIT CONTRAIRE AUX DROITS NATURELS OU A LA CONSTITUTION.

Réponse à l'article XVII.

L'article XVII est, si je puis m'exprimer ainsi, le bouquet des pensées despotiques que contiennent les Droits de l'homme et du citoyen de 1791 ; uni à l'article XVI, il représente le côté le plus adroit de cette beaucoup trop adroite combinaison législative.

Ces deux articles réunis contiennent donc, dans leur ensemble, les principes actifs de la spécialité d'économie sociale pratiquée par les hommes qui ont détourné la révolution de son but véritable, ils ont servi en outre de type pour développer le despotisme du petit nombre.

Comme on le voit, l'article XVII abolit l'association corporative qui avait instruit et enrichi la France et les Français par le travail, pendant six siècles consécutifs.

Il remplace la corporation d'arts et métiers par l'individualisme, qui divise toutes les classes de la société française depuis cette époque, puis il établit une corporation **supérieure** dont les états-majors vont s'emparer de toutes les ressources de la France au moyen de ces simples mots : **ni aucune autre supériorité que celle des fonctionnaires publics dans l'exercice de leurs fonctions.**

Ces mots, qui mettent tous les intérêts publics dans quelques mains, n'ont pas trouvé un seul député pour protester et pour faire remarquer que quand l'homme gère sans contrôle efficace les affaires des autres, c'est toujours à son profit.

Mais il faut bien noter ici que les chefs de tous les fonctionnaires publics de cette époque étant les économistes du xviii° siècle alors constituants, il s'ensuit que les physiocrates ont décrété eux-mêmes leur propre supériorité sociale.

Pour être habile, cela est incontestablement très-habile.

Remarquons aussi que la majorité des constituants a voulu embrouiller la haute portée de cet article en le commençant par les droits de la propriété, qui n'ont aucune raison pour être réglés en cet endroit avec le fonctionnarisme.

Quant à l'abolition de tous les droits féodaux, ils ne sont mentionnés ici que pour produire de l'effet, car ils avaient été complétement abolis, en collaboration avec la nation entière indignée, dans la nuit du 4 août 1789; il était beaucoup plus logique alors de rappeler purement et simplement les décisions unanimes de cette nuit mémorable.

Mais les constituants de 1791 ont mieux aimé les abolir encore une fois dans un but de pure réclame.

* *

Il est bon de faire observer :

1° Personne n'a jamais songé à attaquer la propriété que l'article XVII veut protéger quand même, si ce n'est les auteurs des Droits de l'homme eux-mêmes, dont la plupart ont accaparé plus tard les biens nationaux.

2° Cet article protége aussi la liberté individuelle, mais tout le monde sait que depuis 91 un citoyen peut être arrêté préventivement pendant des mois entiers; on peut le relâcher ensuite, quand sa réputation est compromise et son crédit perdu, sans qu'il soit nécessaire de lui faire la moindre excuse; la lettre de cachet est donc rétablie ici dans son entier avec l'hypocrisie en plus.

3° La noblesse, la pairie, les distinctions d'ordres et d'hérédité, etc., que les Droits de l'homme abolissent, ont été rétablis, sous le premier Empire, par et au profit d'une partie des mêmes hommes qui les avaient détruits;

4° Quant à la vénalité des charges, la plupart de celles d'autrefois se vendent comme par le passé; il est vrai que ce n'est pas l'État qui les vend, mais pour le peuple c'est exactement la même chose, puisque ces droits ont été remplacés par d'autres impôts que le public paie, sans être le moins du monde affranchi d'acheter la plupart des charges officielles dont le nombre est limité, ce qui leur donne un prix de plus en plus élevé.

5° L'article XVII réabolit encore une fois les justices seigneuriales ! mais elles ont été rétablies complétement dans la personne des Conseils de préfecture, des Tribunaux de police et des Conseils d'État, lesquels représentent exactement une justice spéciale pour les gouvernants, puisque ces derniers peuvent révoquer les présidents et conseillers de ces tribunaux administratifs.

Tout en reconnaissant la parfaite honorabilité et, si l'on veut, la complète indépendance des conseillers d'État et de Préfecture, je viens demander à tous les hommes de bonne foi, en quoi cette honorabilité et cette indépendance pourraient être amoindries si ces conseillers devenaient des magistrats inamovibles ?

Bien au contraire, me répondra-t-on de toutes parts, leur indépendance et l'honorabilité de leurs décisions en seraient considérablement augmentées, ainsi que leur autorité.

Il y aurait encore bien des pages à écrire contre les allégations entièrement erronées de l'article XVII et autres des prétendus droits de l'homme de 1791, mais cela sortirait du cadre que je me suis tracé pour étudier ici ce grand et fatal fait d'histoire.

Je dirai seulement pour me résumer.

Les organisateurs de la société moderne connaissaient bien l'impuissance et la non-valeur des institutions qu'ils venaient de fonder.

Leurs journaux qui conseillaient au Directoire de résister aux sections de Paris, publiaient souvent cet axiome physiocratique : **Un gouvernement qui se laisse discuter, est un gouvernement perdu.**

En effet, aucun des principes de la physiocratie ne peut soutenir un examen impartial, ni la moindre des discussions.

RÉSUMÉ PRATIQUE
Des articles XV, XVI et XVII.

L'article XVII des Droits de l'homme de 1791 dépose donc la supériorité civile de toute la nation française dans les mains des hauts fonctionnaires publics, lesquels n'étaient autres à cette époque que les Constituants eux-mêmes.

Par ce fait, ces hommes politiques ont créé un véritable Olympe gouvernemental pouvant changer son Jupiter par une révolution, mais dont les dieux sont toujours à peu près les mêmes.

Dans cet Olympe physiocratique, c'est Mercure qui dirige tout (1); sous son impulsion, les autres dieux s'arrangent de façon à annuler et chasser de plus en plus de l'Olympe tous les Vulcains, opération qui leur est considérablement facilitée par l'anéantissement des familles du travail qui empêche ces derniers de se réunir professionnellement pour augmenter leurs forces en les réunissant.

*
* *

Le mot de Sieyès, qui a été si mal appliqué puisqu'il s'agissait seulement dans son intention de remplacer le despotisme des seigneurs par celui de la tête du tiers-état français, le mot de Sieyès, dis-je, aurait ici sa véritable et lumineuse application ; il faut donc dire, en s'appuyant sur la plus saine raison :

Qu'est-ce que la profession politique qui ne paie pas d'impôts ?

Réponse : **TOUT**.

---

(1) Mercure est le dieu de la politique, mais non pas celui du commerce utile ; en effet, la bourse pleine qui lui est donnée comme attribut ne lui servait qu'à acheter les consciences et à payer les complaisances que son maître réclamait des mortels.

Que doit-elle être ?
Réponse : **RIEN**.

Que sont les professions générales qui paient
en France tous les impôts ?
Réponse : **RIEN**.

Que doivent-elles être ?
Réponse : **TOUT**.

*
* *

. Mais afin que personne ne puisse rien être,
et que la nation soit gouvernable à merci dans
leurs mains, les habiles auteurs de la Constitution de 1791, qui voulaient pour eux seuls
un pouvoir absolu par le fait, ont eu l'adresse
de compléter l'article XVII par l'article XVI
des Droits de l'homme.

En effet, l'article XVI, sous prétexte de
garanties constitutionnelles, sépare, comme
nous l'avons déjà fait remarquer, tous les
pouvoirs, afin de les mettre en entier dans la
main de ces gouvernants olympiens, qui peuvent
nommer ou révoquer à volonté leurs titulaires.

Mais pour amortir l'effet de ce grand acte
de despotisme, les physiocrates s'étaient em-
pressés de déclarer, par l'article XV, que **la**

société a droit de demander compte à tout agent public de son administration.

Malheureusement, personne n'a songé que ce prétendu droit n'était qu'un leurre; cependant, il est exact qu'en l'absence des familles du travail, l'activité nationale n'a plus aucun centre assez autorisé pour parler en son nom.

En cet état, la société n'est représentée, depuis 1791, comme je viens de le démontrer, que par la tête des gouvernants.

Il est certain que les économistes de la Révolution ont bien tout prévu en leur faveur dans les Droits de l'homme, mais malgré cela, et pour que cette immense autorité ne soit sujette à aucune discussion, l'article 75 de la Constitution de l'an VIII a été établi peu après le règne de ces hommes politiques, devenus les thermidoriens, puis les gouvernants du Directoire.

La France, qui a méprisé ces économistes sous le nom de pourris, n'a pas songé malheureusement à détruire les institutions qui leur avaient permis de le devenir.

L'article 75 de la Constitution de l'an VIII.

Dans les Droits de l'homme et du citoyen décrétés par les Constituants de 1791, il n'est question que des droits, car le mot devoir n'y est inscrit que pour l'impôt.

Ces hommes politiques se sont bien gardés d'imposer des devoirs ; du reste, cela n'entrait pas dans le programme qu'ils se proposaient de suivre eux-mêmes.

En effet, un droit devrait toujours être discutable quand il n'est pas justifié par un devoir qui y correspond, mais ces Constituants n'ont pas voulu justifier les droits qu'ils semblaient accorder définitivement, par la bonne raison qu'ils voulaient garder pour eux la possibilité de limiter tous ceux accordés ou à accorder, et cela autant que l'intérêt de leur corps organisé l'exigerait.

D'un autre côté ils voulaient avoir comme corporation gouvernante la direction de tous les droits et de presque toutes les ressources de la Nation, obtenus ou à obtenir par les emprunts et les budgets.

C'est pour cette raison, qu'ils ne se sont imposé aucun devoir social en dehors de ceux que le fonctionnement de la vie de tous les jours devait nécessiter dans leur intérêt.

En plus, ils se sont affranchis, par esprit de corps, de la gêne que pouvait apporter dans leur existence l'obéissance à toutes les lois restrictives qu'ils avaient établies et se proposaient d'établir contre le reste de la Nation, mais non pas contre eux-mêmes.

Pour arriver facilement et sans scandale à ce but si commode, ils ont édicté une loi qui a fait définitivement de la corporation gouvernementale de la France une véritable autocratie. La voici :

CONSTITUTION DE LA RÉPUBLIQUE FRANÇAISE DU 22 FRIMAIRE AN VIII.

ARTICLE 75.

LES AGENTS DU GOUVERNEMENT AUTRES QUE LES MINISTRES, NE PEUVENT ÊTRE POURSUIVIS POUR DES FAITS RELATIFS A LEURS FONCTIONS, QU'EN VERTU D'UNE DÉCISION DU CONSEIL D'ÉTAT. EN CE CAS, LA POURSUITE A LIEU DEVANT LES TRIBUNAUX ORDINAIRES.

C'est à l'aide de cette disposition déjà visée au profit de tout citoyen qui est, ou qui a été

Ministre, par le paragraphe VIII, section IV, de la Constitution promulguée en septembre 1791, que l'omnipotence absolue de la corporation gouvernante, créée par l'école physiocratique, fut établie définitivement.

*   *
*

Cet article qui indiquait par trop **la chaîne de l'esclavage moderne,** a été abrogé dans un des premiers décrets du Gouvernement du 4 septembre 1870 ; mais soit ignorance, soit à dessein, les hommes politiques de cette époque ont laissé subsister une ordonnance royale du 1er juin 1828 qui remplace absolument l'article 75 de la Constitution de l'an VIII.

Par cette ordonnance, l'administration n'a qu'à prétendre être seule juge dans certains cas des actes de ses employés ; à cet effet, elle peut dénier aux tribunaux le droit de statuer ; quand les tribunaux ne veulent pas se dessaisir, le préfet peut prendre un arrêté de conflit, et la question vient devant le Conseil d'État.

Il s'ensuit que l'ordonnance royale du 1er juin 1828 devient, sous une forme plus ou moins déguisée, la même arme pour les dirigeants que l'article 75 de la Constitution de l'an VIII.

Comme je viens de le démontrer, les articles XVI et XVII des Droits de l'homme de 1791, complétés par l'article 75 de la Constitution de l'an VIII, contiennent toute l'économie sociale de la Révolution, qui a eu pour unique effet d'ôter le pouvoir des mains d'une classe de la société, pour le déposer dans celles d'une infime partie d'une autre classe de la même société.

* *

En effet, l'article XVII place toutes les supériorités sociales dans l'exercice des fonctions publiques.

D'un autre côté l'article XVI décrète la séparation définitive des pouvoirs et des fonctions, ce qui donne l'autorité absolue au très-petit nombre de citoyens qui nomment à ces fonctions, c'est-à-dire au très-petit nombre d'hommes qui forment les états-majors politiques.

Puis arrive l'article 75 de la Constitution de l'an VIII ressuscité par l'ordonnance du 1er juin 1828, et fortifié par le décret du 4 mai 1812, avec lequel les corporations gouvernantes de ces époques, ont complété leur séparation d'avec le reste de la nation, en s'affranchissant d'obéir aux mêmes lois ou au moins d'avoir les mêmes juges.

Observation.

Je désire qu'il soit bien compris par tous mes lecteurs que j'accuse seulement les créateurs de notre état social actuel, c'est-à-dire la tête du tiers-état, qui a escamoté la Révolution que le xviii° siècle avait préparé pour la France par la Fédération des municipalités, présentée par Turgot et acceptée par Louis XVI.

Mais je n'accuse nullement tous les hauts fonctionnaires qui leur ont succédé, car ces derniers ayant trouvé tout établie une base sociale qui met le pays entier entre les mains de ses directeurs, ont très-naturellement suivi les principes d'économie qui dirigent la France en l'absence des droits de réunions professionnelles.

Car les institutions et les lois d'une société sont comme les trottoirs d'une voie publique que les passants sont obligés de suivre pour ne pas être écrasés.

Si les trottoirs créés par l'ensemble des lois et par l'esprit des institutions conduisent au bien, tant mieux pour le peuple qui en est doté; mais s'ils conduisent au mal, il lui arrive comme il est arrivé aux populations françaises, c'est-à-dire des catastrophes dans le genre de celles de 1799, 1815, 1830, 1848, 1870-71, sans compr ter les guerres, les invasions et les émeutes intermédiaires.

En conséquence, je désire rappeler ici ce que j'ai dit ailleurs à ce sujet sur les bases sociales créées par les économistes de la Révolution, car les quelques mots qui vont suivre expriment complétement ma pensée.

Par le fonctionnement de tous les jours, ces bases conduisent petit à petit la société française aux abîmes.

Malgré la quantité considérable d'hommes éminents et distingués qui se sont succédé au pouvoir depuis soixante ans, et malgré leur bonne volonté à tous, ils n'ont jamais pu obtenir que des résultats sociaux mauvais dans les détails et presque toujours désastreux dans l'ensemble.

L'esprit de corps qui anime très-logiquement les membres de la corporation gouvernementale les pousse donc naturellement à étendre, par tous les moyens à leur disposition, la puissance collective qui les protége exclusivement.

Paris, 4 août 1875.

FIN DU DEUXIÈME CHAPITRE

DES CHAINES DE L'ESCLAVAGE MODERNE

IMPRIMERIE CENTRALE DES CHEMINS DE FER. — A. CHAIX ET Cⁱᵉ,
RUE BERGÈRE, 20, A PARIS. — 11820-5.

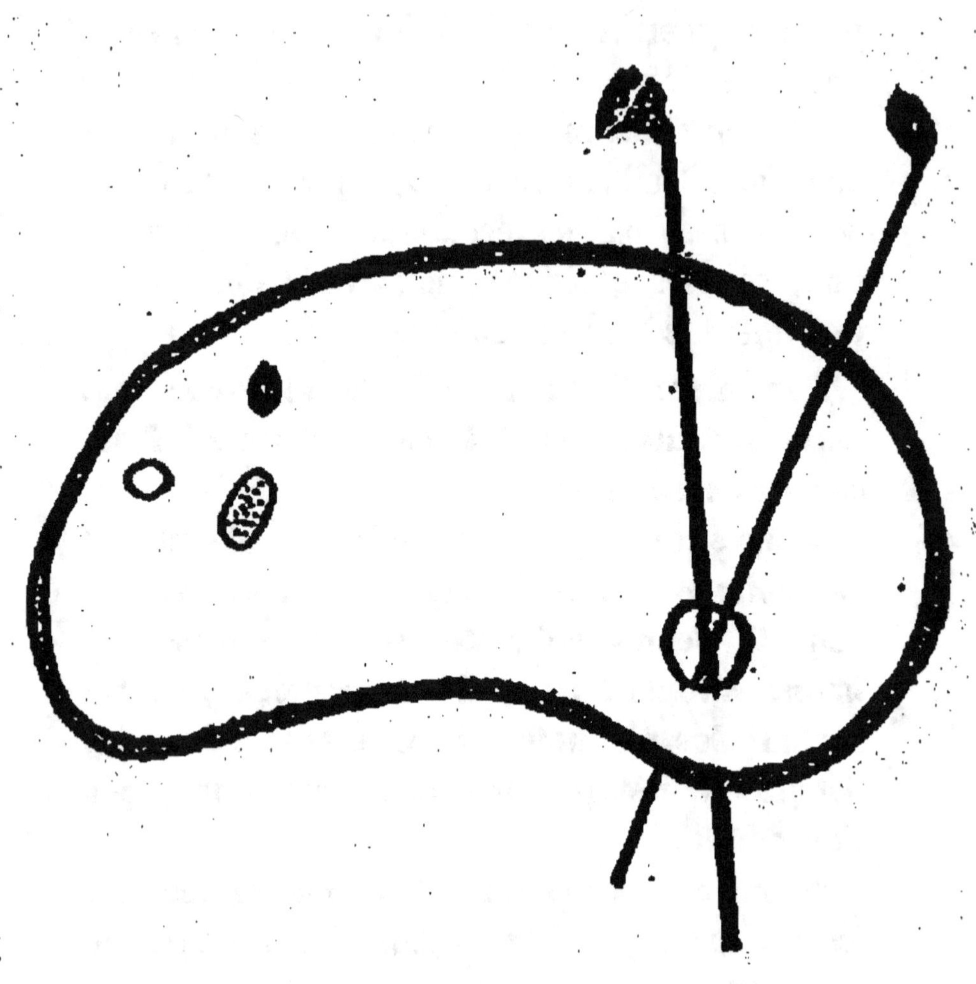

ORIGINAL EN COULEUR
NF Z 43-120-3